Judith Gratzl

Der Weg aus meiner Lebenskrise

Judith Gratzl

Der Weg aus meiner Lebenskrise

Wie du jede Krise meisterst

Fromm Verlag

Imprint

Cover image: www.ingimage.com

Publisher:
Fromm Verlag
is a trademark of
International Book Market Service Ltd., member of OmniScriptum Publishing Group
17 Meldrum Street, Beau Bassin 71504, Mauritius

Printed at: see last page
ISBN: 978-613-8-36485-6

Inhaltsverzeichnis

Der Weg aus der Krise meines Lebens

Einführung

Ich möchte dir mit meiner Geschichte zeigen, daß, auch wenn du aus irgendeinem Grund – ob gesundheitlich, aus mangelnder Liebe in deiner Kindheit, oder aus einem anderen Grund – am Boden liegst und das Gefühl hast, es geht nicht mehr weiter.....du entscheidest, ob es weiter geht oder nicht. Das wie, ist in diesem Moment noch nicht ausschlaggebend. Deine Entscheidung, daß es weiter geht ist relevant. Auch wenn es Zeit braucht, du mit Rückschlägen fertig werden mußt – du entscheidest in jedem Moment. Selbst wenn du dich nicht entscheidest, hast du dich entschieden – nämlich keine bewußte Entscheidung zu treffen. Dies hat zur Folge, daß Menschen für dich entscheiden werden – du wirst gelebt werden. Man wird dir sagen, was gut für dich ist, was du tun sollst oder lassen sollst. Vielleicht kennst du solche Situationen bereits. Erinnere dich daran: hat sich da nicht ein Gefühl des Widerstands in dir breit gemacht, oder das Gefühl, du möchtest etwas anderes, als das, was man dir bereitet? Warum ignorieren wir solche Gefühle, unsere innere Stimme?

Vielleicht weil wir gelernt haben, ‚zu überlegen‘, was wir tun. Wir haben gelernt, daß dieses Gefühl eben nur ein Gefühl ist und in dieser Welt von Druck und Leistung keinen Platz hat. Wir haben gelernt, sie scheinbar erfolgreich zu unterdrücken. Ebenso ist es mit unseren Träumen. Uns wurde beigebracht, mit den Beinen am Boden zu bleiben. Der Realität in die Augen zu sehen. Den Kopf nicht in den Wolken zu haben. Träume würden uns schließlich nirgendwohin führen, damit würden wir kein Geld verdienen, keine Familie ernähren können und, und, und....

Dann im Erwachsenenalter haben wir einen gutbezahlten Job in dem wir manchmal mehr leisten als wir Kraft haben, Überstunden, Mehrarbeit. Vielleicht haben wir selbst eine Familie die ihre Anforderungen stellt. Wir fahren mindestens zweimal im Jahr in den Urlaub – den haben wir uns ja auch schwer verdient. Doch auch wir selbst haben Anforderungen – an uns selbst – wir wollen alles möglichst perfekt erledigen, allem und jedem gerecht werden. Doch warum nimmt denn niemand Rücksicht auf uns? Warum hört niemand, wenn wir sagen, wir fühlen uns nicht gut? Warum tut niemand etwas, damit wir uns besser fühlen? Auch nicht, wenn wir vielleicht schon körperliche Symptome zeigen, Magenschmerzen, Kopfschmerzen haben, an Schlaflosigkeit leiden – und letztlich in einem Burn-Out landen, oder eine andere Erkrankung bekommen?

Weil niemand im Außen diese Lücke in dir füllen kann – nicht dauerhaft. Das mag sich kurzfristig so anfühlen, wenn du frisch verliebt bist, etwa. Doch die Lösung im Außen zu suchen geschieht aus einem Mangel heraus. Du suchst das, was dir scheinbar fehlt, damit es ergänzt wird. Du sagst: wenn ich den neuen Job, die neue Partnerschaft, mehr Geld, etc habe, dann geht´s mir gut, dann bin ich glücklich. Eines der universellen Gesetze besagt: wie Innen so Außen. Was bedeutet das? Du freust dich, jeden Tag in deinen neuen Job zu gehen, du bist glücklich über deine neue Partnerschaft, und du bist zufrieden, weil du mehr Geld am Konto hast.

So ist es auch mit der inneren Stimme, deinem Gefühl – deiner Selbstliebe! Sie weiß`, was das Beste für dich ist, was du für deine Entwicklung brauchst. Liebst du dich selbst, kommt so vieles von alleine, weil du Fülle ausstrahlst, in Fülle denkst. Das was du denkst, sprichst du aus. So wie du sprichst, fühlst du. Das was du fühlst, strahlst du aus. Das was du ausstrahlst, ziehst du in dein Leben.

Schon in der Bibel steht: Liebe deinen Nächsten wie dich selbst. Und eine weltbekannte Künstlerin sang: I found the greatest love inside of me.....

Ich wünsche dir, daß du dich für dich entscheidest – bewußt und vielleicht schon bevor dich eine Krise fest im Griff hat, denn es gibt keinen Grund zu warten!

Danksagung

Ich danke allen Menschen in meinem Leben -jeder von ihnen hat mein Leben auf besondere Weise berührt, und auf die eine oder andere Art geprägt. Da waren die Menschen, die Worte gesprochen haben, ihr Verhalten jedoch das Gegenteil zeigte. Und da waren wenige, doch da waren Menschen, die meinten, was sie sagten, ehrlich liebevoll – das erschien mir als nicht real...

Jede Prägung hat ihre Spuren hinterlassen und mich auf ‚meinen Weg' geschickt. Bis der Weg nicht mehr weiterführte, sondern ich vor einem Abgrund stand, fiel - und am Boden lag.

Ich danke den Menschen, die mich dabei unterstützten, wieder aufzustehen, den neuen Weg zu sehen und mich begleiteten.

Aus tiefstem Herzen danke ich meinen Kindern! Für ihr Da-Sein. Sie zeigten mir immer, daß sie mich lieb' haben, waren da, trösteten und unterstützten mich, nahmen mich in den Arm – und forderten mich! Sie gaben mir Kraft, Mut und Halt, die Herausforderung anzunehmen – ohne es zu wissen! Ohne sie hätte ich aufgegeben.....

Drei lange Wochen

Die ersten Tage an der Ostsee waren schön, ich hab` die Zeit mit Sarah sehr genossen – auch, mich mal um gar nichts kümmern zu müssen. Nur um die Einhaltung der Termine zu den verschiedenen Anwendungen und Therapiegespräche. Doch je mehr Zeit verging, desto unwohler fühlte ich mich. Mehr und mehr schienen die Mitarbeiter und anwesenden Mütter 1:1 die Kolleginnen des Altenheimes in dem ich seit Jahren in der Pflege und dann, nach der schweren Lungenentzündung 2015, in der sozialen Betreuung tätig war, widerzuspiegeln: falsch, intrigant und boshaft.

Die Anrufe von Mutter waren sehr anstrengend für mich. Sie beschwerte sich über das Tonband das lief, wenn sie sich verbinden lassen wollte. Der Maskottchen-Bär der Klinik sang ein Lied für Kinder..., und sie erzählte, was es Neues zu Hause gab. Daß sie mit Markus, meinem Lebensgefährten telefonierte, sich nach Florian meinem Sohn erkundigte, der ein paar Tage vor unserer Abreise einen Autounfall hatte. Markus, Sarah – meine Tochter – und ich holten Florian aus dem Krankenhaus, das zweihundert Kilometer entfernt von uns lag. Er war auf dem Weg zu seiner Freundin, als eine Achse des Wagens brach' und Florian quer über die Schnellstraße fuhr und in einem großen Erdhaufen landete. Ich war so froh, daß er ‚nur eine Gehirnerschütterung und Prellungen' hatte. Es war allerdings der zweite derartige Unfall von Florian. Ich hatte zu diesem Zeitpunkt das Gefühl, keine Kraft mehr zu haben, ich konnte nicht noch mehr aushalten. Denn auch in der Arbeit waren die letzten Jahre mit sehr viel schlechtem Klima, Intrigen, Lügen und Streß gefüllt.

Also beantragte ich eine Mutter-Kind-Maßnahme solange sich das mit Sarah's Alter noch beantragen ließ`. Sarah und ich waren an der Ostsee – ich freute mich so, ihr das Meer zeigen zu können, Zeit für uns zu haben. Doch die Freude hielt nicht lange.... Mutter gab' mir gute Ratschläge, wie sie es immer tat. Auch Markus rief an und erzählte über die Gespräche mit Mutter und welche Ratschläge sie ihm gab....Wie sollte ich da wirklich zur Ruhe kommen – keiner fragte, wie`s mir geht, oder nur oberflächlich. Ich hatte das Gefühl, es hörte sowieso keiner zu, weil sie alle mit sich beschäftigt waren. Das half mir nicht!

Dann fing ich an, zu spät zu den Terminen zu kommen – ich hatte plötzlich Probleme mit allem hier und die Mitarbeiter schienen so unfreundlich zu sein.

Ich war viel mit Sarah draußen, am Strand, wir machten Fahrradtouren, fuhren zum Einkaufen, hatten auch viel Spaß. Bis wir eines Tages von einer Fahrradtour zurückkamen und ich aussah, als hätte ich einen schlimmen Sonnenbrand – und nur die ‚Sonnenbrille' blieb ausgespart. Ich mußte zum hauseigenen Arzt. Meine psychische Verfassung verschlechterte sich zusehends. Dem folgte ein Gespräch mit einer anderen Therapeutin. Ich sprach mein schlechtes Immunsystem an – da ich nach der Lungenentzündung und ein Jahr später der Rippenfellentzündung sehr viel Antibiotika bekam. Sie schien auf mich einzugehen, mich teilweise sogar zu verstehen. Doch meine Situation verschlechterte sich mehr und mehr – ich konnte das nicht mehr wirklich einschätzen. Gott sei Dank hatte ich Sarah an meiner Seite – doch was mußte sie durchleben? Ich bekam das Gefühl, nicht mehr ich selbst zu sein – das machte mir Angst.

Am vorletzten Tag des dreiwöchigen Aufenthaltes in der Mutter-Kind-Klinik kam der Arzt zu mir: „Frau Santoro, wir müssen sie und ihre Tochter abholen lassen. Sie brauchen Hilfe. Sollten sie dies ablehnen, werde ich sie zwangseinweisen." Ich verstand gar nichts mehr – was redete er da von ich brauche Hilfe, Zwangseinweisung? Was ist mit Sarah? Tausend Fragen, auf die ich keine Antwort hatte – Angst machte sich in mir breit, große Angst und Verzweiflung! Es sollte doch hier alles besser werden – doch es wurde alles noch viel schlimmer. Die Klinik würde Markus verständigen und ihm die Dringlichkeit klarmachen. Sie fragten mich, ob ich jemanden bräuchte, der mir beim Packen der Sachen hilft.

Ich konnte nicht mehr.....Später sagte man mir, daß Markus sich auf den Weg macht, und gegen 5 Uhr morgens hier sein würde.

Das war doch alles ein böser Albtraum!!! Meine Sarah, ich hab´ Angst!! Ich hätte sie am liebsten nicht mehr losgelassen. Die Nacht war fürchterlich, kaum geschlafen, von unzähligen Fragen und quälender Angst wachgehalten. Irgendwann war es dann soweit, daß Markus gekommen war. Er holte uns, packte unsere Sachen in's Auto und wir fuhren los. Es war wie das Ausbrechen von einem fürchterlichen Ort – und ich hatte Angst, immer mehr Angst. Plötzlich kam die Angst um Sarah dazu – ich hatte solche Angst um sie, daß ihr irgendetwas zustößt. Nach einer Weile der Autofahrt hielten wir in einem Autobahnrestaurant. Sarah und ich mußten zur Toilette, Hunger und Durst hatten wir auch....Während des Aufenthaltes dort sah ich immer wieder aus dem Fenster, ob uns jemand von der Klinik gefolgt war. Ich war froh, als wir die Fahrt fortsetzten. Sarah schlief auf dem Rücksitz ein. Nach einer schier endlosen Fahrt kamen wir zu Hause an – ich hatte immer noch große Angst – auch vor Mutter! Was würde sie sagen, wenn sie das erfuhr? Und sie würde es erfahren, denn sie würde fragen und ich würde antworten. So wie ich es als kleines Mädchen gelernt hatte - ein artiges Mädchen. Das versetzte mich oft in emotionalen Streß, denn ich fühlte mich so bloßgestellt – weil nach dem Frage-Antwort-Spiel immer Belehrungen folgten.....

Florian trug die schlafende Sarah in die Wohnung und legte sie in das vorbereitete Bett. Florian! Ich war so glücklich zu sehen, daß er sich von seinem Unfall gut erholt hatte.

Markus bekam meine Angst während der Autofahrt zu spüren. Er wußte sich nicht mehr zu helfen und rief die mich betreuuende Neurologin an. Markus sollte mit mir unverzüglich in die Praxis kommen. Sie stellte eine Einweisung in's Bezirkskrankenhaus aus. Wir fuhren nach Hause. Auf der Fahrt hatte ich das Gefühl, Markus wollte mich irgendwo hinbringen, ich wollte aus dem fahrenden Auto aussteigen, ich war so verzweifelt – warum konnte mich denn niemand verstehen?

Wieder zu Hause, rief Markus den Rettungswagen an. Ich sagte den Kindern, daß ich in´s Krankenhaus müsste...Ich hatte Sarah auf dem Arm, als die Sanitäter kamen. „Mama...“, es zerriß mir das das Herz: „Jetzt habt ihr mich da, wo ihr mich haben wollt....“. Florian nahm seine kleine Schwester auf den Arm. „Ich hab`euch lieb“ – und schon gingen die Sanitäter mit mir zur Türe hinaus in den Rettungswagen. Wer von den Nachbarn konnte das alles mitansehen.....?!

Der Klinikalbtraum

Im Rettungswagen fing ich an zu weinen: „Meine Kinder! Ich will zu meinen Kindern! Holen sie meine Kinder da raus"! Die Fahrt in's Bezirkskrankenhaus war furchtbar – der Aufenthalt dort noch furchtbarer. Ich hatte keine Ahnung, was mit Florian und Sarah geschehen würde. Wer würde sich um die beiden kümmern? Ich bin doch ihre Mama! Ich habe mich immer um meine Kinder gekümmert, für sie gesorgt – und jetzt? Jetzt befand ich mich im Bezirkskrankenhaus – als wäre ich durchgedreht! Ich fühlte mich alleine gelassen – alleine mit meiner Angst, dieser unbeschreiblichen, alles beherrschenden Angst. Ich hab` sehr viel geweint, die schlimmsten Albträume gehabt – die jedoch so real waren, daß ich nicht mehr zwischen Realität und Traum unterscheiden konnte. Ich hatte zu niemandem Vertrauen. Der Gedanke, daß ich nie mehr von diesem Ort wegkommen könnte, trieb` mich noch weiter in die Angst. Ich bekam Medikamente, doch die schienen nicht´s an meinem Zustand zu verändern, geschweige denn, zu verbessern. Nach Wochen wurde mir Blut abgenommen – für eine spezielle Blutuntersuchung, wie es hieß`. Nach ein paar Tagen war das Ergebnis da. Ich hatte Besuch von meiner Schwester, Mutter und Maria (eine ehemals gute Freundin und Nachbarin von mir). Der Verdacht, den die Ärztin geschöpft hatte, hatte sich bestätigt. Die Diagnose lautete: Lupus erythematodes.

Ich hatte keine Ahnung, was das sein sollte, ich hatte vorher noch nie etwas von einer derartigen Erkrankung gehört. Die Ärztin veranlasste daraufhin meine Verlegung in`s Klinikum zur weiteren Behandlung. Ich kam tatsächlich hier raus!!! Ich konnte es nicht fassen!!

Im Klinikum bekam ich andere Medikamente – starke Beruhigungsmedikamente, doch durch diese fühlte ich mich getrieben. Ich konnte mich nicht still hinsetzen oder -legen. Ich hatte den Drang, ständig gehen zu müssen. Den Krankenhausgang rauf und wieder runter – stundenlang. Doch die Ängste wurden leichter. Außerdem wurden Plasmaphoresen angesetzt. Das ist eine ähnliche Therapie der Dialyse, doch bei der Plasmaphorese wird das Blutplasma aus dem Körper geleitet, von Krankheitserregern gereinigt und das ‚saubere' Blutplasma wieder in den Körper zurückgeleitet. Eine vierstündige Prozedur, die mich immer sehr müde machte. So konnte ich die Zeit gut aushalten, in der ich liegen mußte. Schon nach der ersten Behandlung spürte ich eine subtile Veränderung in meinem Körper – ich konnte nicht wirklich in Worte fassen, was sich da tat, doch ich spürte deutlich eine Veränderung!! Im Abstand von ca 2

Tagen folgten noch weitere neun Plasmaphoresen und mit jeder Behandlung fühlte ich mich besser! Es gab` also Hoffnung! Würde ich wieder ganz gesund werden? Diese Hoffnung wurde jedoch schnell zerschlagen, denn diese Erkrankung, Lupus erythematodes, ist eine entzündliche, rheumatische Erkrankung, die nicht nur Gelenke, sondern auch Organe befallen kann – und chronisch ist. So wurde ich darüber aufgeklärt. Auch, daß nach den 10 Plasmaphorese-Behanndlungen sogenannte Immunsuppressiva diese Aufgabe im Körper übernehmen sollten. Denn daß diese Erkrankung ausbricht, ist eine Überreaktion des Immunsystems, so sagte man mir weiter. Aufgrund des starken Beruhigungsmittels das ich weiterhin verabreicht bekam, fühlte ich mich immer noch wie ferngesteuert.

Nach dem wochenlangen Aufenthalt in der Klinik wurde über eine Entlassung gesprochen. Das war ja wunderbar, ich konnte nach Hause – zu Florian und Sarah!! Doch sagte man mir auch, daß ich eine Betreuung brauchen würde, da ich im Moment nicht geschäftsfähig wäre..... War ich etwa ein Pflegefall geworden? Wie sollte das weitergehen? Wer würde denn diese Aufgabe übernehmen und welche Macht hat dieser Mensch dann über mich und meine Familie? Man hat mir auch empfohlen, mich an eine Vereinigung zu wenden, die Patienten in solch schwierigen Situationen weiterhelfen. Die Klinik beantragte auch eine Anschluß-Reha.

Wieder und wieder kamen Zweifel in mir auf. Warum passierte das alles? Warum konnte ich nicht eine Erkrankung haben, die nach kurzer Zeit wieder gut wird? Warum überhaupt noch eine Erkrankung nach der schweren Lungenentzündung, wegen der ich drei Wochen im Krankenhaus lag, operiert werden mußte? Was hatte ich denn getan, daß ich so etwas durchleben mußte – und meine Kinder mit? Ich verlor den Halt, zweifelte an der Existenz von Gott, an Gerechtigkeit im Leben. Ich haderte, kämpfte, war verzweifelt und tief traurig. Jede Nacht weinte ich mich in den Schlaf. Ich konnte und wollte das alles nicht glauben. Ich hatte immer an das Gute geglaubt, an Gerechtigkeit – da war nichts von alledem. Warum??? Ich hatte das Gefühl, keine Kraft mehr zu haben. Keine Kraft um weiterzukämpfen – wozu auch? Welche Aussichten hatte ich denn? Ein Leben mit einer Betreuung an der Seite? Ich wußte ja was das heißt – kannte das vom Altenheim in dem ich gearbeitet hatte.

Maria würde diese Aufgabe der Betreuung übernehmen. Sie beantragte einen Betreuerausweis, mit dem sie mich auf Ämtern, bei Ärzten usw. vertreten konnte. Zudem bekam sie ja auch Geld dafür. Der gerichtliche Beschluß kam mit der Post – die Betreuung wurde für ein halbes Jahr anberaumt. Das bedeutete: ich könnte vielleicht doch wieder, irgendwann, ein normales Leben führen? Jeder Strohhalm war ein Lichtblick! Meine Schwester war zu weit entfernt um die Betreuung zu übernehmen und Mutter würde das nicht machen – sie hatte keinen Führerschein. Mutter war in der Zeit nach meiner Entlassung bei uns, um sicherzustellen, daß die Kinder zur Schule kamen, und alles seine Ordnung hatte. Ich fühlte mich schrecklich, ständig unter Beobachtung. Es standen eine Menge Laufereien, und Erledigungen an. Das Auto wurde vorübergehend abgemeldet, da ich ja unter diesen Beruhigungsmitteln stand....

Mein schlechtes Gewissen

Mutter fing sehr bald nach meiner Entlassung an, mich mit Fragen zu quälen. Fragen über die Vorkommnisse in der Zeit während der Mutter-Kind-Maßnahme, dann, als Markus uns nach Hause geholt hatte. Sie sagte, ich hätte ganz schlimme Dinge zu Markus gesagt, ihn aufs Schlimmste verdächtigt – bezüglich der Kinder. Ich müßte mich also nicht wundern, daß er nicht mehr hier sei.

Markus..... Ich vermisste ihn so. Und doch hätte ich mich unfaßbar geschämt, ihm so gegenüber zu treten. Aber was war wirklich passiert? Was habe ich denn zu ihm gesagt, was habe ich getan? Ich fühlte mich alleine, hilflos, ohnmächtig.

Immer wieder fing' sie an, irgendwelche Andeutungen zu machen. Sie konnte aber nicht für mich da sein. Keine Worte des Trostes, der Zuwendung – ich hätte sie gebraucht. Ich hätte meine Mutter gebraucht!!! Wieder war sie nicht für mich da – Verständnis für andere, Empathie für andere – nicht für mich. Ich fühlte mich zum Wiederholten Male fallengelassen. Immer dann, wenn ich eine Mutter gebraucht hätte, in den schwersten Situationen meines Lebens, in besonderen Situationen meines Lebens war ich alleine...

Stattdessen kamen Äußerungen, die mir ein schlechtes Gewissen machten: „Was du Markus zugetraut hast. Was du alles zu ihm gesagt hast, da wundert es mich nicht, daß er sich nicht mehr meldet. Er muß ja damit rechnen, daß da noch mehr davon kommt:"

Ich hatte keine Erinnerung daran, was vorgefallen war – doch Mutter sprach auch nicht wirklich aus, was sie anscheinend wußte. „Soll ich Markus eine Nachricht schreiben?" Ich war völlig verunsichert. Niemals wollte ich ihn verletzen – ich hab` ihn doch so geliebt! „Ja, es wäre an der Zeit!"

Noch am selben Abend schrieb` ich eine Nachricht über das Handy an Markus – und wartete gespannt, auf eine Antwort. Würde er überhaupt antworten, wenn ich ihn so behandelt hatte? Markus antwortete: es sei eben wie es sei, da könne man nun nichts mehr machen. Er habe eben gesehen, daß er sich in mir getäuscht hat und er hätte jetzt seine Liebe gefunden. Er würde mir alles Gute wünschen.

Das hatte niemals Markus geschrieben, daß war nicht seine Art, sich auszudrücken – doch wer steckte dahinter? Konnte ich denn Einfluß darauf nehmen? Ich versuchte, ein Gespräch anzuleiern. Auch bat ich ihn darum, mir zu sagen, was denn vorgefallen sei? Es kamen nur abweisende Antworten – nicht von Markus. Ich kannte ihn. Doch anscheinend hatte er eine neue Frau gefunden. Es machte also keinen Sinn, den Kontakt zu suchen.....Es blieben viele ungeklärte, offene Fragen. Ich war wieder alleine...

Auch wenn Mutter mir das Eine oder Andere an Aufgaben abgenommen hat, so anstrengend war diese räumliche Nähe. Ich konnte sie manchmal kaum ertragen. Ihre Art der Bevormundung – die sie auch hatte, als ich noch gesund war. Ihre Art, immer wieder in in dieser Thematik herumzugraben, in meinen Wunden herumzugraben -die Wunden die Markus betrafen.

Jeden Abend, wenn ich im Bett lag – hab` ich mich in den Schlaf geweint. Die Tatsache, daß ich gesundheitlich an einem absoluten Tiefpunkt war und niemand mir sagen konnte, ob sich jemals etwas ändern würde. Die Tatsache, daß ich nicht arbeiten konnte – nicht mal den ganz normalen Alltag konnte ich alleine bewältigen. Die Tatsache, daß ich wieder alleine, auf mich gestellt war – und gleichzeitig mit Belehrungen und mehr oder weniger subtilen Vorwürfen umzugehen. Das kostete mich so viel Kraft. Kraft, die ich gar nicht hatte.....Ich konnte einfach nicht mehr. Körperlich und emotional an einem Minuspunkt!!

Eine Woche um die andere verging. Eine Zeit, in der ich keinesfalls das Gefühl hatte, zu leben. Es war eher das Gefühl von vegetieren...Wie so viele Bewohner aus dem Altenheim. Doch ich war doch noch nicht alt, und doch fühlte ich mich vom Schicksal verspottet. Fühlte mich, als würde ich an einer Beatmungsmaschine hängen, künstlich am Existieren gehalten werden!

Dann waren da die Momente, in denen mich Sarah umarmte: "Mama, ich hab` dich lieb`." In denen Florian sagte: „Gut, daß du wieder zu Hause bist!" „Können wir dir etwas helfen, etwas für dich tun?" Da klickte es irgendwann bei mir! Meine Kinder – ihr seid bedingungslos für mich da, ihr gebt mir Kraft, einfach weil ihr da seid – ich danke euch so sehr!!

Das war der Punkt, an dem ich eine Entscheidung traf. Mir war klar, ich hatte zwei Möglichkeiten: entweder mich weiter am Existieren halten zu lassen, oder von am Boden liegend, mich langsam zum `Krabbeln' hochzuarbeiten, um später erste ‚Gehversuche' zu machen und mich letztlich wieder aufzurichten und erhobenen Hauptes weiterzugehen! Das war es was ich wollte! Und jetzt gab' es kein zurück mehr – ich hatte eine Entscheidung getroffen! Florian und Sarah haben mir das Leben gerettet – und sie wußten es nicht einmal. Ich würde wieder leben!! Und wenn es dich tatsächlich gibt Gott, dann bitte ich dich jetzt um

Unterstützung! Hilf‘ mir – jetzt! Auch wenn ich nicht verstehe, warum das alles ist, wie es ist – aber hilf‘ mir jetzt!

Die Wandlung

Die Beruhigungstropfen wurden langsam reduziert und schließlich ausgeschlichen. Das führte dazu, daß ich mich wieder besser fühlte, mehr und mehr ‚die Kontrolle' über meinen Körper zurückzugewann. „Wenn sie sich sicher fühlen, dürfen sie auch Auto fahren", so die Antwort der Neurologin auf meine Frage. Also würde ich das Auto wieder anmelden – ein nächster Schritt heraus aus dieser Ohnmacht. Es fühlte sich wunderbar an! Jetzt gingen meine Gedanken in eine andere Richtung: in der Zeit, als ich als Masseurin gearbeitet hatte (und energetische Maßnahmen eingesetzt hatte), konnte ich so vielen Menschen helfen – jetzt war es an der Zeit, mir selbst zu helfen. Mutter deutete an, sie müsse wieder mal nach Hause fahren um nach dem rechten zu sehen – auch wenn meine Schwester das tat. Sie wolle schließlich auch wieder mal zu Hause sein. Das war der richtige Zeitpunkt! Meine Schwester kam um sie abzuholen. Sie erzählte mir von einer Ärztin aus Darmstadt, die einer ihrer Freundinnen sehr geholfen hatte. Diese Ärztin würde auf anderen Ebenen helfen und meine Schwester meinte, da ich ja diesbezüglich sehr zugänglich bin, könnte es einen Versuch wert sein.

Meine Schwester stellte den Kontakt zu der Ärztin per Email her. Schon zwei Tage später kam die Antwort: daß sie sehr gerne mit mir arbeiten würde. Ich müßte auch nicht zu ihr in die Praxis kommen, wir würden erstmal miteinander telefonieren. Allerdings bräuchte sie noch weitere Informationen über mich. Diese Informationen übermittelte meine Schwester ihr. Sehr schnell vereinbarten wir einen Telefontermin – ich äußerte meine diesbezügliche Angst, denn ich tat mich noch sehr schwer, brauchte lange, bis ich einen ganzen Satz hervorbrachte. Doch Frau Doktor König meinte, ich müßte keine Angst davor haben, denn es würde vorwiegend sie selbst sprechen.. Jetzt kam ein gutes Gefühl in mir hoch!

Es dauerte nicht allzulange, bis wir das erste Gespräch führten. Da Dr. König schon einiges über mich wußte, stellte sie mir die eine oder andere ergänzende Frage – auch zu ihrem Verständnis. Das berührte mich zwischendurch so tief, daß ich versuchte, die Tränen hinunter zu schlucken. Frau Dr. König entging das nicht – doch sie fing mich sehr liebevoll, verständnisvoll auf und tröstete mich auch. Sie sprach sehr positiv, konnte mir Mut machen, weiterzugehen – ich hatte schließlich schon eine ganze Menge geschafft! Knapp eine Stunde dauerte unser Gespräch. Wir vereinbarten einen nächsten Termin – und ich freute mich darauf. Diese Ärztin tat mir sehr gut – konnte menschliche Nähe erzeugen, mir das

Gefühl geben, ich bin aufgehoben. Wie unglaublich gut mir das tat – nach allem!! Beim nächsten Gespräch ging es mir schon viel besser – ich traute mich mehr mit ihr zu sprechen. Die Ärztin erzählte mir sogar aus ihrem Leben – daß sie teilweise ziemlich gebeutelt hatte. Es konnte kein Zufall sein, daß dieser Kontakt zustande gekommen war. Wo ich sowieso nicht an Zufälle glaube!!

In einer Email erklärte Dr. König, wie sie sich die Arbeit bezüglich mir vorstellt: sie würde eine Channeling-Session durchführen und diese auf CD aufnehmen und mir zukommen lassen, inklusive einer Heilmeditation. Sie nannte auch den Preis, den sie dafür bekommen sollte. Ich war auf jeden Fall einverstanden. Meine Schwester sagte, diese ‚Behandlung' würde sie für mich bezahlen – wie gut sie doch wieder einmal war.....

Ich war richtig aufgeregt, als einige Zeit später die CD mit der Post kam. Gemeinsam mit einer Karte, die sehr liebevolle Worte enthielt. Ich hörte mir die CD mit Kopfhörern an. Dr. König nahm ich in dieser Session mit auf eine wunderbare Reise. Sie sagte sehr viel über mich, worüber wir noch nie gesprochen hatten, und doch schien es, als würde sie mich schon sehr lange und gut kennen. Während dieser Session wurde mir schon so manches klar, was in meinem Leben schief gelaufen war. Immer wieder kam die fehlende Selbstliebe vor. Sie sprach von dem Schutz, von dem ich umgeben bin. Erzengel Michael würde mich in seinen blauen Schutzmantel hüllen und ich könnte ihn immer um Hilfe bitten. Er wäre immer an meiner Seite...Die anschließende Meditation in der sie mich in einen ‚geschützten Raum' mitnahm war wunderschön. Ich habe mich schon lange nicht mehr so gut gefühlt. Vielen Dank dafür!

Nach ca zwei Wochen kam meine Schwester wieder mit Mutter. Sie wollte das natürlich auch hören – das fühlte sich für mich genauso wie schon tausende Male zuvor an: ich fühlte mich emotional ausgezogen, nichts, das ich für mich haben und behalten durfte, alles ausbreiten, offenlegen – egal, wie persönlich es war. Es hat in mir geschrien, ich hab' innerlich geheult! Meine Schwester hatte keinen Respekt vor der Privatsphäre eines anderen Menschen. Zu meiner Mutter sagte ich, wie sehr ich die Stimme von der Ärztin mochte: „Sie hat eine ganz normale Stimme." Auch das kannte ich, wie schon tausende Male vorher.....Ein paar Tage nach der Session telefonierte ich wieder mit Dr. König. Es ging mir dabei immer besser. Wir lachten sogar schon ein wenig. Sie machte mir weiter Mut und sagte, sie sei für mich da. Auch, daß sie sehr stolz auf mich sei – was ich schon alles geschafft hatte.

Die nächsten drei Wochen

Nun stand es fest, eineinhalb Monate später sollte ich eine Reha antreten – in Davos, Schweiz – in einer Lungenreha. Lungenreha? Aktuell hatte ich doch ein anderes Problem. Alle – Mutter, Schwester, Freunde – redeten mir zu, die Reha zu machen, die Zeit für mich zu nutzen, mich zu regenerieren und zu erholen.

Maria hatte sich bereit erklärt, mich nach Davos zu bringen. Es war eine schöne Fahrt, doch ich war froh, als wir ankamen. Vier Stunden Fahrt waren doch lange. Maria half mir, das Gepäck in die Klinik zu bringen und einzuchecken. Kurz darauf verabschiedete sie sich auch schon wieder. Jetzt war ich schon wieder alleine – ich wollte doch bei meiner Familie, zu Hause sein...Es schien so trostlos.

Am nächsten Morgen hatte ich mich im Stationszimmer zu melden – Aufnahmegespräch. Abends bekam ich den Therapieplan für die erste Woche: Gesprächstherapie, autogenes Training, Vorträge....

Ganz in der Nähe der Klinik war ein See, den man umrunden konnte – wunderschön gelegen. In der ersten Woche schaffte ich es nur bis zur Hälfte des Sees, dann hatte ich das Gefühl, ich hätte zu wenig Puste. Doch Mitpatienten beruhigten mich. Sie sagten, daß läge daran, daß Davos in 1.560 Meter über dem Meeresspiegel liegt. Nach und nach erkundete ich die Umgebung, fuhr mit dem Bus nach Davos Stadt. Von hier aus gingen verschiedene Bergbahnen hoch. Auch kam ich am Davoser Kongreßzentrum vorbei. Hier hatte man an einem Wochenende sogar die Möglichkeit für einen Zutritt zu musikalischen Veranstaltungen. Landschaftlich hat es mir wirklich sehr gut gefallen. In der Klinik fand ich es furchtbar. Die Telefonate mit den Kindern taten mir sehr gut, gaben mir Kraft, machten mir Mut. Die Gespräche mit Mutter waren wie sie immer waren – ohne Empathie oder echtes Interesse, dafür voller guter Ratschläge.....

Die Termine beim Psychotherapeuten wurden immer besser – die Gespräche wurden immer tiefer und es flossen schon auch mal die Tränen. Er sprach mir Anerkennung aus und war beeindruckt, daß ich meinen Weg bisher so gut gegangen war – unter diesen schwierigen Bedingungen. Er half mir, verschiedene Zusammenhänge zu erkennen, die daraus resultierenden Reaktionen. Denn für tatsächliche Aktionen war ich viel zu gefangen in all' diesen Verstrickungen meines Lebens. Der Therapeut erklärte mir, was für mich, und meine Gesundheit in Zukunft wichtig sein würde – mich anzunehmen, fürsorglich mit mir zu sein. In der letzten Therapiestunde meinte er, ich könnte mich in der Klinik bewerben – es würden immer gute Kräfte gebraucht. Das freute mich, machte mich ein bißchen stolz, denn es zeigte mir, daß ich gesundheitlich ziemliche Fortschritte machte.

Maria und eine Freundin kamen am Vortag meiner Entlassung. Sie übernachteten im Gästehaus. Wir frühstückten tags darauf zusammen, um dann nach Hause zu fahren – wie sehr ich mich freute!! Tatsächlich hat mir die Zeit in Davos gut getan. Ich konnte wieder weitere Schritte auf mich zugehen.

Die ersten Schritte

Wie würde es jetzt weitergehen? Was konnte ich beruflich machen? Denn fest stand, ich konnte wieder etwas arbeiten! Vielleicht noch keine 20 Stunden in der Woche, doch ich konnte etwas tun! Was ich auf jeden Fall weitermachen würde, war, alles was ich wußte, an energetischem Wissen anzuwenden um mich bestmöglich zu unterstützen. Ich regergierte, las immer neue Artikel, neue Erkenntnisse. Informierte mich auch über homöopatische und ayurvedische-medizinische Möglichkeiten, um mich gesundheitlich voranzubringen. Die körperliche Fitness traute ich mir nach der Reha auch wieder zu, zu trainieren.

Der soziale Verein schlug mir vor, Kontakt mit meinem Arbeitgeber aufzunehmen und das Gespräch zu suchen – eventuell eine Wiedereingliederung zu erreichen. Eine Dame würde mich begleiten, um mich bei dem Gespräch zu unterstützen. Wir vereinbarten also einen Termin mit dem Einrichtungsleiter vom Altenheim, in dem ich seit acht Jahren tätig war.

Er betonte gleich, daß er mich weder in der sozialen Betreuung noch in der Pflege einsetzen könne, denn Infektionsgefahr herrsche überall. Das könne er mit meinem derzeitigen Gesundheitszustand nicht vereinbaren. Auf den Hinweis der Mitarbeiterin des sozialen Vereins, ob er mich denn nicht an der Rezeption beschäftigen könne, entgegnete er, daß dieser Bereich vollständig mit Personal abgedeckt sei und er nicht jemanden für mich entlassen könne. Zudem sei auch hier der Bewohnerkontakt gegeben. Es kam also zu keiner Einigung und lief letztlich auf einen Auflösungsvertrag hinaus. Beim Verlassen der Einrichtung bemerkte die Dame, die mich begleitete: ‚Man merkt genau, daß der Einrichtungsleiter kein Interesse daran hat, sie wieder zu beschäftigen:‘ ‚Ich war schon immer eine unangenehme Mitarbeiterin – weil ich mich für das Wohl der Bewohner eingesetzt habe und es Mißstände zu klären gab‘ – die jedoch nie geklärt worden sind. Wahrscheinlich ist es besser, nicht mehr hier zu arbeiten, es würde mich wieder zurückwerfen. Ich bin froh, daß es ist, wie es ist.‘

Inzwischen riet mir die Dame von dem sozialen Verein, eine Erwerbsminderungsrente zu beantragen – sie unterstützte mich auch dabei. Der ganze bürokratische Aufwand war sehr groß und für einen Laien teilweise ziemlich undurchsichtig. Ich war froh, das nicht alleine bewältigen zu müssen. Es würde eine Weile dauern, bis ich Bescheid bekäme. Sie riet mir auch, wenn ich eine Berufsunfähigkeitsversicherung hätte, diese zu beantragen – wobei mir Frau Schmied wiederum behilflich war.

Ein weiterer Schritt zurück in's Leben war die Aufhebung der gesetzlichen Betreuung durch das Amtsgericht! Geschafft! Ich hatte es tatsächlich schon so weit geschafft! Danke, ich war so dankbar, so glücklich – ich wußte, ich kann noch viel mehr schaffen und erreichen!! Immer mit den liebevoll unterstützenden Gesprächen mit Dr.König. Mittlerweile lachten wir schon sehr viel am Telefon. Sie erzählte mir immer mehr über sich selbst – auch, daß sie gesundheitlich schon einiges durch hatte und nicht gesund war. Im ersten Moment erschrak ich darüber. Sie war so zuversichtlich, so optimistisch, so hoffnungsvoll und hatte doch selbst ihre Baustellen. Sie sprach irgendwann auch über ihr Privatleben, das auch nicht schön verlaufen war, ihre Ängste. Es berührte mich, daß Dr. König so offen mit mir darüber sprach. Ich schätzte Dr. König sehr, respektierte sie – und sie war Vorbild für mich. Doch ich war auch wieder versöhnt mit Gott – ich hatte ihn um Hilfe gebeten, und es schien, als würde er mich tatsächlich unterstützen, mich in die richtige Richtung lenken. Ich mußte doch nur zuhören....danke!

Einige Wochen nach Antragstellung erhielt ich den Bescheid, daß ich die Erwerbsminderungsrente für einen bestimmten Zeitraum erhalten würde. Dann kam auch der Bescheid über die Berufsunfähigkeitsleistung, die genehmigt wurde! Danke! Ich brauchte mir keine Sorgen über Einkünfte zu machen – wenigstens jetzt noch nicht.

Das nächste Stück des Weges

Jetzt hatte ich neben dem Haushalt und meiner Tochter Zeit, mich um mich zu kümmern, meine Selbstliebe – die immer wieder Thema war – zu entdecken. Wieder fing ich an, im Internet zu regergieren, Bücher zu lesen, Vorträge anzusehen, Workshops im Internet, energetische Kurse im Internet mitzumachen. Schritt für Schritt eröffneten sich mir Erkenntnisse, ich machte neue Erfahrungen...Ich lernte, wie wichtig es war, innerlich zur Ruhe zu kommen, bei sich anzukommen, sich selbst wahrzunehmen. Nicht nur in der Theorie, ich machte viele praktische Übungen, baute sie in meinen Alltag ein und fühlte mich langsam, doch ich fühlte mich immer besser! Regelmäßige Kontrollen im Dialysezentrum – wegen der Nieren und beim Rheumatologen in der Rheumaklinik zeigten das auch. Die Medikation bestand aus Cortison, den Immunsuppressiva und einem Anti-Malaria-Mittel, das erfolgreich bei Lupus eingesetzt wurde. Ich lernte viel neues über diese Erkrankung, Lupus. Habe Bücher von betroffenen, an Autoimmunerkrankungen erkrankten Ärztinnen gelesen. Beide, unabhängig voneinander berichteten über ihre Enttäuschung der Schulmedizin, die ihnen nicht helfen konnte. Sie beide versuchten unterschiedliche Methoden um Linderung zu erfahren – dabei spielte die Ernährung eine wesentliche Rolle! Des weiteren stieß ich auf ein Buch eines Heilers, der kein Arzt war, sondern diese Begabung schon als Kind hatte. Auch er hatte ein Buch geschrieben, über diese Erkrankungen, zu denen viele zählen – viele der heutigen Zivilisationskrankheiten....Hoch interessant, sehr plausibel, leicht verständlich und gut nachvollziehbar erklärt. Da stand ein kurzer Abschnitt über Lupus: Die Immunantwort, die ich gerade beschrieben habe, hat seltsame Symptome zur Folge, die zum Beispiel als Lupus eingeordnet werden. Der Medizin ist nicht klar, dass Lupus nur die Folge einer körperlichen Reaktion auf die Nebenprodukte und Neurotoxine von Epstein-Barr ist. Der Körper reagiert allergisch auf diese Neurotoxine, was zu Entzündungen und Markern führt, nach denen Ärzte Ausschau halten, um dann eine Lupus-Diagnose zu stellen. In Wahrheit ist Lupus einfach eine Vireninfektion durch Epstein-Barr.

Ich las den Absatz unzählige Male und konnte nicht glauben, was da stand!! Wenn das auch nur zum Teil stimmte, dann hatte ich ja definitiv Chancen, gesund zu werden! Mein Herz sprang vor Freude! Dann las ich, was über das Epstein-Barr-Virus in dem Buch stand – und die Möglchkeiten, dies auszuleiten und die Reaktionen runterzufahren. Weiter stand in dem Buch, daß unser Körper sich niemals selbst angreifen würde – sondern immer! auf Heilung ausgerichtet ist, und solch' ‚mysteriöse Krankheiten' – so bezeichnet der Autor sie – eine

Reaktion auf die Bekämpfung einer anderen Erkrankung ist. Unfaßbar! Mir schwirrten tausend Gedanken und Fragen durch den Kopf und ich wünschte, ich hätte das Buch schon fertig gelesen, dann hätte ich bestimmt schon die eine oder andere Antwort. Je mehr ich in dem Buch gelesen hatte, desto besser begann ich die Zusammenhänge zu verstehen. Daraufhin stellte ich meine Ernährung um und merkte nach kurzer Zeit, wie gut sich das anfühlte. Ich befolgte weiter ernährungstechnische Tipps, die ich in einem weiteren Buch des selben Autors las . Ich fühlte mich besser. Manchmal dachte ich, daß ich mir das vielleicht nur einbildete – und wenn schon, dann half mir eben die Einbildung, Hauptsache es half mir!! So kam es, daß ich ein ‚Ernährungsdiplom' in einer Internet-Acadamy absolvierte. Ich bekam auch ein Zertifikat!

Die Befunde bei den regelmäßigen Kontrollen bei den Fachärzten gaben mir recht. Werte fingen an, sich zu bessern – so der Nierenwert! Super, ich freute mich unglaublich! Ich würde weitersuchen, regergieren, lesen, Workshops, Internet-Seminare und Vorträge besuchen – ich wußte, ich war auf dem richtigen Weg!!

Eins nach dem anderen fand mich – durch eine Werbemail, die ich ansprechend fand, durch eine Buchempfehlung, manchmal durch etwas, das ich mir einfach ansah.....es kam alles was ich auf meinem Weg brauchte, und ich nahm' es dankend an. Dabei ging es auch um ‚verzeihen' – anderen und sich selbst. Auch so ein Thema.....wie konnte ich Menschen verzeihen, die dafür verantwortlich waren, daß ich so geworden bin? Was hatte ich mir dabei selbst zu verzeihen? Ich war doch das Opfer!!!

Ich wurde eines besseren belehrt – bzw. bekam eine andere Sichtweise durch Filme, wie: ‚Gespräche mit Gott', ‚The secret'. Dann fand mich ein Buch eines bekannten Autors, der in dem Film ‚The secret' – sehr eindrucksvoll – mitgewirkt hatte und es mittlerweile zum Multimillionär geschafft hatte – von seiner Obdachlosigkeit heraus. Dieses Buch handelte vom Vergeben, von einem alten hawaiianischen Vergebungsritual. Es bescherte mir großartige, neue Erkenntnisse – und die Möglichkeit, inneren Frieden, Aussöhnung zu finden. Auch dadurch löste sich viel an Last in mir – es funktionierte! Ich war überwältigt! Also machte ich den ‚zertifizierten Ho`oponopono – Practitioner'!

Jetzt begann der Wunsch in mir größer zu werden, anderen Menschen zu helfen – auf ihrem Weg zur Selbstliebe. Am besten noch bevor sie die Krise voll im Griff hatte! Niemand sollte, mußte solange warten, bis es nicht mehr weiter ging. Doch mit diesen Zertifikaten hatte ich noch keine Grundlage.....Es dauerte nicht lange, da kam eine Werbemail eines amerikanischen Klinik-Hypnose-

Therapeuten, der eine ‚Life-Coach-Ausbildung' über ‚Fernschulung' anbot. Genau das war es! Als Life-Coach konnte ich alles an Wissen und Erfahrung reinpacken und ich hätte etwas fundiertes, mit dem ich an die Menschen herantreten konnte. Ich machte also die Life-Coach – Ausbildung, bekam mein Zertifikat! Yes! Durch eine Internet-Plattform lernte ich eine Web-Designerin kennen – sie machte meine Homepage, für mich zu sehr guten Konditionen und einen Coaching-Tausch. Einfach wunderbar, danke!

Ein herber Rückschlag

Es war bei einem der Kontrolltermine beim Rheumatologen. Dr. Rasch sprach von einem neuen Medikament gegen Lupus, das allerdings nur unter bestimmten Bedingungen verabreicht werden konnte. Dazu wäre es erforderlich, eine MRT-Untersuchung der Gehirnarterien, - venen zu veranlassen, um eine ‚Vaskulitis' – die eine Kontraindikation für die neue Medikation wäre, auszuschließen. Hierfür sollte ich eine Nacht in der Rheumaklinik bleiben. Wir vereinbarten einen Termin, die Klinik einen Untersuchungstermin.

Dr. Rasch nahm sich einen Stuhl, eine Schwester war auch dabei, und setzte sich an mein Bett: ‚Das hätte ich nicht erwartet – doch sie haben eine Vaskulitis. Was bedeutet, daß wir monatlich eine Cytostatika-Infusion verabreichen müssen – für die nächsten sechs Monate.' Mir rannen die Tränen über's Gesicht.....Was sagte der Doktor denn da? Cytostatika? Krebsmittel? Das raubte mir gefühlt all' die Kraft, die ich zu haben schien. Ich fühlte mich vom Schicksal verspottet, ausgelacht. Ich haderte auf's Neue. Mein Gott – gibt es dich wirklich? Wenn ja, dann versteh' ich das grade überhaupt nicht! Reicht es denn noch immer nicht? Was willst du von mir? Ich kann nicht mehr!

Die Schwester legte tröstend ihre Hand auf meine Schulter. Der Arzt hatte auch tröstende Worte, die ich nicht wirklich wahrnahm. Weiter erklärte mir der Arzt: ‚Zu diesen Terminen bleiben sie jeweils eine Nacht zur Beobachtung hier. Wir setzen die Infusionen erstmal für sechs Monate an, dann machen wir eine Verlaufskontrolle, danach sehen wir, ob sie weitere Infusionen benötigen, oder ob wir sie umstellen können.

Ich weinte, weinte, weinte – dachte an Florian und Sarah! Sofort war mir klar, daß ich nichts von Krebsmitteln sagen würde. Nur, daß ich eine Infusionstherapie bekäme und dafür eine Nacht in der Klinik zur Beobachtung bleiben müsste.

Der Termin für die erste Infusion stand fest, und je näher dieser Termin rückte, desto elender fühlte ich mich, desto mehr Angst hatte ich. Wie würde ich sie vertragen? Welche Nebenwirkungen würden sich zeigen? Musste ich denn das auch noch durchmachen? Mir war auch klar, daß ich Mutter und meiner Schwester nichts davon erzählen würde – sie würde mich sowieso nicht unterstützen.

Ich kam also in die Klinik. Die Schwestern dort waren alle sehr nett, nahmen sich Zeit, beantworteten Fragen. Ich fühlte mich gut aufgehoben. Ich kam zu einer sehr netten Mitpatientin in's Zimmer. Sie erzälte mir aus ihrem Leben und von ihrer Rheumaerkrankung.....diese arme Frau hatte es auch nicht leicht. Die Schwester kam und gab' mir eine Flüssigkeitsinfusion. Dann eine kleine Infusion gegen Übelkeit und dann richtete sie mit Schutzhandschuhen und Mundschutz die Infusion her. Es durchfuhr mich eiskalt – die Vorstellung, was das war, machte mich hilflos und traurig. Ganz langsam tropfte sie, gelangte in meinen Körper. Ich versuchte mich gedanklich zu beschäftigen, mit allem möglichen. Gott sei Dank redete auch meine Mitpatientin ziemlich viel. Irgendwann war diese Infusion leer und ich bekam nochmal eine Flüssigkeitsinfusion. Die Schwester hatte zwischendurch immer wieder nach mir gesehen. Nach all' den Infusionen brauchte ich noch eine weitere, kleine Infusion, um die Flüssigkeit auch wieder ausscheiden zu können. Ich war müde, erschöpft.

Am nächsten Morgen ging es mir eigentlich gut, die Werte waren in Ordnung, ich durfte nach Hause fahren. Sarah durfte bei Florian übernachten – ich brauchte mir deshalb also keine Gedanken machen. Per Handy-Nachricht gab' ich den beiden Bescheid.

Das war geschafft – bis in vier Wochen.

Als ich zur zweiten Infusion in die Klinik kam, dachte ich an die Worte der Schwester von vor vier Wochen: , Auch wenn es ein Teufelszeug ist – es kann ihnen wirklich sehr helfen.' Und daran, was Doktor Rasch mir sagte: ‚Gut, daß diese Vaskulitis entdeckt wurde – andernfalls hätte es ihnen irgendwann passieren können, daß sie plötzlich umfallen, und das war's dann.' Dann kam auch schon die Schwester, um mir die erste Infusion anzuhängen. Die Mitpatientin, bei der ich im Zimmer war, war auch diesmal sehr nett – vom Schicksal nicht verwöhnt. Als die Schwester dann in Schutzkleidung kam um die Infusion anzuhängen zog ich mich innerlich in mich zurück. Ich begann zu frieren, wie beim letzten Mal......'das ist normal, weil diese Infusionen gekühlt werden müssen,' erklärte mir die Schwester. Ich fing an, daß Vergebungsritual, bzw. die Phrasen des Rituals vor mich hinzusagen und merkte, daß ich mich etwas besser fühlte.. Ich betete zu Erzengel Michael: lieber Engel Michael, dieses Teufelszeug soll in meinem Körper gut machen, was es gut machen kann – ich will gesund sein! Gib' mir die nötige Kraft, das alles so gut und unbeschadet wie möglich durchzustehen – auch wenn ich's nicht verstehe.' Weiters fiel mit ein Satz ein, den ich mal irgendwo gelesen hatte: das Universum schickt dir nichts, mit dem du nicht fertig werden würdest. ‚Wenn das so ist, dann brauch' ich trotzdem deine Unterstützung – denn sonst hab' ich auch keine. Zeig' mir bitte, daß du da bist und mir hilfst.' Ich war etwas eingeschlafen. Die Schwester kam um mir die zweite Flüssigkeitsinfusion und anschließend noch die Infusion zur besseren Ausscheidung anzuhängen. Am nächsten Morgen war mir ziemlich übel, hatte das Gefühl, erbrechen zu müssen – es kam nicht viel. Wieder gingen mir viele Gedanken durch den Kopf: was, wenn das jetzt jedesmal so sein würde, mir die Haare ausgehem würden, oder sonstige Nebenwirkungen auftraten? Im Laufe des Vormittags bekam ich gesagt, die Werte seien in Ordnung, ich dürfte nach Hause fahren, sollte mich jedoch melden, wenn ich Beschwerden bekommen sollte.

Schon vor einiger Zeit hatte ich angefangen, Nahrungsergänzungsmittel und ayurvedische Produkte zu nehmen um mein Immunsystem zu stärken – die Immunsupressiva dämpften es, um keine Überreaktion zuzulassen. Doch sämtliche Buchautoren deren Bücher ich gelesen hatte, betonten, wie wichtig ein gutes Immunsystem – auch bei mysteriösen Krankheiten – sei. Ich fühlte mich auch besser, hatte mehr Energie, mehr Freude – nur nicht im Moment.....

Die dritte und vierte Infusion hatte ich wieder einigermaßen gut vertragen. Nach der fünften Infusion ging's mir wieder schlecht – mir war so übel, ich hatte leicht erbrochen, fühlte mich schwach. Tatsächlich gingen mir seit der Therapie die Haare massiv aus. Das beunruhigte mich sehr. Die vorerst letzte Infusion machte keine Komplikationen. Nun war der Zeitpunkt für eine Verlaufskontrolle. Es wurde ein Termin vereinbart – ich hatte ziemlichen Respekt davor und versuchte mit dem Gefühl, daß alles gut ist, in's Krankenhaus zu gehen. Am Nachmittag kam Dr. Rasch und meinte: , Alles in Ordnung – sie brauchen keine weiteren Infusionen. Ihr Körper hat die Therapie sehr gut angenommen. Ich muß ihnen sagen, Frau Santoro, so, wie sie durch diese Therapie marschiert sind – das ist außergewöhnlich. Bis auf zweimal etwas Übelkeit – unglaublich. Sehr viele der Patientinnen sind monatlich mindestens für eine Woche im Krankenhaus. Mit hohem Fieber, Infekten und vielem mehr. Ganz erstaunlich, wie sie das geschafft haben.' Jetzt liefen mir wieder Tränen über's Gesicht – doch diesmal vor Freude! Es war ein bißchen, wie eine kleine Wiedergeburt, ein neuer Lebensabschnitt konnte beginnen. Ich würde auf das neue Medikament umgestellt werden und somit dem Lupus weiter entgegenwirken. Das neue Medikament wurde auch einmal pro Monat per Infusion verabreicht – jedoch ambulant in der rheumatologischen Ambulanz. Es hatte sich also alles gelohnt, was ich für mich gemacht hatte – ich war unglaublich dankbar!

Dankbarkeit

Darüber fand mich in nächster Zeit noch sehr viel an Lesematerial, Videos.....Ich lernte sehr viel über Dankbarkeit. Sie ist die zweitmächtigste Kraft im Universum – nach der Liebe, der stärksten Kraft. Das Gefühl der Dankbarkeit bringt einem energetisch, frequenzmäßig, schwingungsmäßig auf ein sehr hohes Niveau. Dankbar zu sein, zeigt dem Universum, daß ich mehr von dem bekomme, wofür ich dankbar bin. Es reicht jedoch nicht aus, verbal mal danke zu sagen, sondern Dankbarkeit zu fühlen. Denn die Gefühle sind der Motor der Gedanken. Etwas nur zu denken, verpufft – ein Gedanke mit dem entsprechenden Gefühl sendet dementsprechende Schwingungen in's Universum.

Ich war unglaublich dankbar, diese schwere Zeit so gut hinter mich gebracht zu haben, einen neuen Abschnitt beginnen zu können. Mir wurde bewußt, daß ich unzählige Gründe hatte, wofür ich dankbar sein konnte: jeden Morgen aufzuwachen – war ja nicht selbstverständlich. Ich konnte jeden Tag aufstehen, ohne Schmerzen! Wochenlang hatte ich Tag und Nacht sehr starke Schmerzen, die an meiner Psyche knabberten. Mein Körper tat alles, um am Leben zu bleiben – mein Herz schlug Tag und Nacht, alles Organe und Sinne arbeiteten – ein weiterer Grund sehr dankbar zu sein, für dieses Wunder das wir sind. Ich fühlte tiefe Dankbarkeit für meine Kinder. Sie waren bedingungslos für mich da, liebten mich bedingungslos. Wir hatten ein Zuhause, konnten uns jeden Tag satt essen, hatten Kleidung....alles keine Selbstverständlichkeit!!

Ich wollte etwas tun

Jetzt fühlte ich mich wieder so gut, daß das Bedürfnis in mir hochkam, wieder etwas zu tun, zu arbeiten. Die Kinder und der Haushalt wurden mir zu wenig, ich wollte wieder eine Aufgabe haben. Natürlich befaßte ich mich mit meiner Vorstellung, Menschen aus der Krise zu helfen.

Ich sah von da an die Stellenanzeigen in der Zeitung durch. Eines Tages entdeckte ich das Inserat eines Senioren-Betreuungsdienstes für zu Hause. Die Annonce war sehr ansprechend – aus Neugierde rief ich an. Eine sehr freundliche männliche Stimme erklärte mir, worum es dabei ging: Menschen zu Hause zu betreuen, damit sie solange wie möglich in den eigenen vier Wänden bleiben können und nicht in eine Senioreneinrichtung müssen. Der Geschäftsführer bat mich, eine schriftliche Bewerbung zu schicken. Das tat ich – ich bewarb mich als 450€ Kraft. Zwei Tage später kam ein Anruf – und eine mündliche Einladung zu einem Vorstellungsgespräch. Wow! Danke! Ich freute mich sehr und war echt gespannt, was mich dort erwarten würde. Ich sah' mir auch noch andere Anzeigen an, telefonierte noch mit einer anderen Einrichtung und bekam am selben Tag, an dem ich schon ein Vorstellungsgespräch hatte, einen Termin für ein weiteres Vorstellungsgespräch. Diese Einrichtung schien sehr chaotisch zu arbeiten – das Büro unaufgeräumt, die Dame hantierte am Drucker, während sie mit mir sprach. Wir vereinbarten, daß ich anrufen würde.

Dann fuhr ich zum nächsten Vorstellungsgespräch. Ich dachte im ersten Moment, ich wäre an der falschen Adresse! Herr S. der Geschäftsführer öffnete die Türe, begrüßte mich mit Handschlag und bat mich weiter, in einen Schulungsraum. Sehr ordentlich, ein Kaffeegedeck, ein Wasserglas: ‚Möchten sie eine Tasse Kaffee, Frau Santoro?' ‚Sehr gerne, dankeschön.' Herr S. schenkte mir Kaffee ein: ‚Milch und Zucker?' ‚Nein danke.' - Ein Vorstellungsgespräch? Er nahm den vorbereiteten Ordner zur Hand und erläuterte mir die wesentlichen Dinge über die Arbeit, die Abläufe, den Vertrag, etc. – und fragte mich, ob ich mir das vorstellen könnte. Daraufhin besprachen wir meine Situation: daß ich ein schulpflichtiges Kind habe, ich also zeitlich nicht sehr flexibel bin und alles, was Herr S. wissen mußte – auch darüber, daß ich Erwerbsminderungsrente erhalte. Dann wollte Herr S. noch wissen, ob ich denn auch Einsätze bei Familien annehmen würde, da sie auch Familien betreuen würden. ‚Sehr gerne, ja.' Herr S. meinte, sobald sie einen Einsatz für mich planen konnten, würden sie mich anrufen. Er würde inzwischen meinen Arbeitsvertrag fertig machen.

Es konnte wieder ein neuer Abschnitt beginnen – ich konnte wieder arbeiten! Wie wunderbar war das denn – danke, danke, danke! Der anderen Einrichtung hab' ich telefonisch abgesagt.....Schon ein paar Tage später bekam ich einen Anruf von Herrn S. – mein erster Einsatz könnte stattfinden und nannte mir Datum, Uhrzeit, Name und Adresse der Familie. Herr Z. würde vor Ort sein, um mich der Familie vorzustellen und sowieso noch ein paar Dinge mit der Familie besprechen. Herr S. fragte, ob es mir denn möglich wäre, noch vor dem ersten Einsatz in's Büro kommen zu können um den Vertrag zu unterschreiben, weil ich andernfalls keinen Einsatz leisten dürfte. Daran sollte es nicht scheitern!

Eine wundervolle Zeit begann – ich liebte diese Arbeit, die Menschen, mit denen ich zu tun hatte. Es machte mir solche Freude. Und der Zuverdienst wirkte sich nicht negativ auf die anderen ‚Einkünfte' aus.

Zehn Monate später lief die Erwerbsminderungsrente aus und würde in Arbeitslosengeld übergehen. Eine neuerlicher Antrag wurde abgelehnt. Frau Schmied meinte, wir könnten Widerspruch einlegen, doch wir würden keine Genehmigung durchsetzen, da ich ja , wenn auch geringfügig, wieder beschäftigt war und die ärztlichen Gutachten auch nicht mehr dafür sprachen. Wir vereinbarten, Widerspruch einzulegen. Sollte der Antrag abgelehnt werden, würden wir dies akzeptieren. Inzwischen sprach ich mit meinen Arbeitgebern, eventuell die Wochenstunden zu erhöhen. Dies wurde mit Begeisterung angenommen. Also war ich abgesichert, mußte mir keine neue Arbeit suchen. Wie wunderbar! Es war, wie die Bearbeiterin des sozialen Vereins es geahnt hatte – der Widerspruch wurde abgelehnt. Noch nie in meinem Leben habe ich mich derart über einen abgelehnten Antrag so sehr gefreut, wie jetzt! Denn es bedeutete, ich konnte wieder selbst für mich und meine Familie sorgen – wie großartig! Wieder ein neuer Abschnitt, einen großen Schritt in mein Leben! Ich fühlte große Dankbarkeit! Erst arbeitete ich zwanzig, dann fünfundzwanzig Stunden in der Woche – wie vor der Erkrankung! Da hatte ich auch fünfundzwanzig Stunden wöchentlich gearbeitet. Ich war wirklich stolz auf mich! Auch meine Kinder freuten sich sehr mit mir, und das motivierte mich noch mehr!

Ich berichtete Dr. König davon – wir waren per Email immer in Kontakt – und mehr und mehr sprach sie mir ihre Bewunderung aus. Dafür, wie geduldig und zuversichtlich ich mit meiner Situation umging. Wie ich mich dabei vertrauensvoll führen ließ und wieviel Liebe ich in mir trug, und an die Menschen in meinem Umfeld weitergab. Sie bedankte sich bei mir, daß sie, Nikita, mir ‚schreiben durfte, wie es ihr ging' . Sie erwähnte mich gerne in ihren Vorträgen, als gutes Beispiel und bedankte sich bei mir, für die Bereicherung, die ich für diese Welt sei – denn meine Schwingungen breiten sich ja aus.....Ihre Worte waren für mich wie der Wind unter meinen Flügeln, der mich weitertrug! Ich war so dankbar, daß Nikita in mein Leben gekommen war.

Die Mutter, die ich nie hatte

Wir sprachen auch über die sehr problematische Beziehung zwischen meiner Mutter und mir. Ich war nicht geplant, auch nicht gewollt. Weder von meinem Vater – der sich durch Absetzen in's Ausland der Verantwortung entzog und meine Mutter wußte anfangs nicht, ob sie mich behalten sollte oder nicht...Doch warum erzählte sie mir das? Sie hoffte vielleicht auf Verständnis, darauf, daß ich ihr verzieh' – natürlich unbewußt. Die Zeit vom Alter von acht Wochen bis drei Jahre war ich immer bei fremden Menschen. Doch auch im Säuglingsheim wurden wir kleinen Wesen nur versorgt, doch es gab' keine Zuwendung, kein in den Arm genommen werden. Später in der Pflegefamilie war es ähnlich. Ich wurde versorgt, man war stolz, wenn ich aß ‚wie die Großen', war ich traurig, wurde mir als Trost etwas zu essen gegeben – doch es gab' keine liebevolle Zuwendung. Nur einmal, als mein Pflegevater von seinem Dienst als Kriminalbeamter nach Hause kam. Er setzte sich in's Wohnzimmer, sah fern. Ich setzte mich neben seinen Sessel auf den Boden – er streichelte mir über den Kopf, wortlos. Ich wünschte mir, daß möge nie aufhören, es war so unbeschreiblich! Angenommen, wahrgenommen, geliebt.

Meine Mutter erzählte mir auch, daß ich bereits zwei Jahre alt war, als sie ihren Eltern von mir erzählte. Ihre Mutter wollte wissen, warum sie denn gar nicht mehr nach Hause kam. Sie mußte mich also geheim halten, verstecken – auch wenn sie Angst hatte – es war schon ein komisches Gefühl. Doch warum erzählte sie mir das? Wollte ich das alles wirklich wissen? Es fühlte sich schrecklich an!

Als ich gut drei Jahre war, kam ich zur Familie – meine Mutter bekam ihr Wunschkind, heiratete den Vater. Doch da war kaum Zeit und Platz für mich, denn das Baby nahm all' die Aufmerksamkeit, Zuwendung und Liebe für sich in Anspruch. Ich ordnete mich erneut unter – denn das hatte ich mittlerweile gut gelernt. Ich durfte da sein, das mußte reichen. Sehr früh' mußte ich Verantwortung für meine kleine Schwester übernehmen, auf sie aufpassen – ich war erst fünf, als meine Mutter sich vom Vater meiner Schwester vorübergehend getrennt hatte, und sie eine Putzstelle für abends angenommen hatte. Die beiden kamen irgendwann wieder zusammen. Doch auch später hieß es immer, wenn meine Schwester und ich Streit hatten (wie das unter Geschwistern eben ist): du bist doch die Ältere, du mußt die Vernünftigere sein. Der Klügere gibt nach....' Ja, meine Schwester setzte ihren Willen immer durch, schon als kleines Kind. Während ich immer diejenige war, die nachgegeben hatte, sich unterwarf....Als ich zur Schule ging, kam irgendwann der Wunsch in mir auf, den gleichen Familiennamen tragen zu wollen, wie die Familie. Ich als einzige trug den Mädchennamen meiner Mutter. Also kam es zu einer ‚Namensgebung' – so gehörte ich wenigstens äußerlich dazu.

Der Mann meiner Mutter entwickelte sich zu einem Tyrannen, der meine Mutter ungerecht beschuldigte ihn zu betrügen – obwohl sie arbeitete. Immer häufiger kam es zu Streitigkeiten zwischen den beiden – und hin und wieder auch zu Handgreiflichkeiten meiner Mutter gegenüber. Wir Kinder hörten das mit.... Uns schikanierte er, wenn wir zuviel lachten, fröhlich waren...

Als ich ca 10, oder 12 Jahre alt war, kam es zur Scheidung – wir atmeten auf. Doch auch die weiteren Jahre spürte ich immer, daß meine Schwester das Wunschkind meiner Mutter war. Alles was ich tat, wurde hinterfragt, Entscheidungen die ich für mich traf, wurden mir mit sehr verletzenden Argumenten vorgeworfen. Teilweise wurde mir auch gesagt, was ich zu sagen hätte – um mich für einen Anruf meiner Mutter zu bedanken (als ich schon ausgezogen war), ihr Wertschätzung zu zeigen, sagte ich: ‚lieb' daß Du angerufen hast.' Da kam zurück: ‚Du brauchst nicht zu sagen, lieb' daß du angerufen hast – das ist nicht lieb'. Du kannst höchstens sagen, danke für den Anruf.' – Und das war nicht das Einzige, was ich ihrer Meinung nach nicht zu sagen hatte....

Ich kann mich auch nicht daran erinnern, daß meine Mutter mir jemals gesagt hat, daß sie mich lieb' hat, oder mich in den Arm genommen hat. Das hat sie ein einziges Mal getan, als ich mich von dem Mann getrennt hatte, der auch der erste Mann in meinem Leben gewesen war. Eine Beziehung in der ich sehr schnell sehr gelitten habe, psychisch fertig gemacht worden bin. Doch Mitgefühl bekam ich nicht – nur Belehrungen....

Den Anschein von Muttergefühlen glaubte ich zu spüren, als ich die schwere Lungenentzündung hatte und operiert werden mußte – mein Leben hing an einem seidenen Faden. Da hatte ich für einen Moment, als Mutter mich im Krankenhaus besucht hatte das Gefühl, sie hatte Angst um mich. Doch das verflog schnell wieder und die Belehrungen und Ratschläge, die ich zu befolgen hatte, nahmen wieder überhand. Die Kinder spürten das, waren sehr liebevoll. ‚Danke Mama, daß Du bei uns geblieben bist,' waren ihre Worte.

Der erste Schritt der Trennung

Nachdem die Lungenenztündung gut überstanden war – der Lupus mir keine Beschwerden oder Probleme machte – brachte Florian wieder zur Sprache, wie sehr er unseren Familiennamen hasste, er könne sich damit keineswegs identifizieren. Er wollte den Namen, den ich vor der Namensgebung hatte. Wir führten diesbezüglich viele Gespräche. Ich erkundigte mich beim österreichischen Konsulat – da wir österreichische Staatsbürger sind, die in Deutschland leben. Dort erhielt ich Auskunft über Vorgehensweise und Kosten. Da wir beschlossen hatten, alle drei unseren ursprünglichen Namen anzunehmen, war es sinnvoll, daß zuerst ich eine sogenannte Namenserklärung abgeben würde. Da ich ja schon mal so geheißen hatte, war das kein Problem und sparte enorm Kosten. Sobald das bei mir durch war, konnten wir das mit den Kindern auch so machen. Ich vereinbarte also einen Termin am Konsulat in Münschen.

Die Dame dort war sehr nett, wir plauderten etwas während sie die notwendigen Formulare vorbereitete. Dann las sie mir nochmals alles vor um es notfalls korrigieren zu können. Der Name ‚Santoro' würde abgelegt und statt dessen der Mädchenname ‚Greil' wieder angenommen werden. Ein unglaublicher Moment, als ich die Unterschrift leistete – so, als wäre es schon immer so gewesen!

Mit einem unbeschreiblichen Gefühl ging ich zum Auto und machte mich auf den Heimweg. Ich war noch keine fünf Minuten unterwegs, da weinte ich drauflos...ich weinte und weinte und weinte – ich konnte mich nicht beruhigen. So etwas hatte ich bis dahin noch nie erlebt. Die Tränen wollten fließen. Je länger die Fahrt dauerte, desto bewußter wurde mir, daß ich mit dem Ablegen des Namens meines Stiefvaters eine unglaublich schwere Last hinter mir gelassen hatte. Eine Last, die ich seit Jahrzehnten mit mir schleppte, die gar nichts mit mir und meinem Leben zu tun hatte! Es war eine Fremdlast, die mich all' die Jahre sehr stark beeinflußt hatte – das merkte ich jetzt, da das alles von mir abfallen konnte. Es war eine sehr gute Entscheidung, dies' zu tun, ich hatte doch im Grunde nichts mit diesem Mann zu tun, bin nicht verwandt mit ihm – und er hatte keine gute Energie. Das lastete auf mir. Doch jetzt hatte ich das Gefühl, jetzt konnte m e i n Leben beginnen! Florian ich bin dir so dankbar! Du hast auf dein Gefühl gehört! Mir war bis zu diesem Zeitpunkt nicht klar, was ein Name mit einem Menschen machen kann – jetzt spürte ich es sehr deutlich! Florian hatte oft zu mir gesagt: ‚Mama, du wirst sehen, wenn wir diesen Namen nicht mehr tragen, dann geht's dir besser.' Während ich all' diese Gedanken im Kopf hatte, weinte ich unaufhörlich weiter. Irgendwann kam ich zu der Ausfahrt eines Wahlfahrtsortes, den ich ab und an besuche. Jetzt war es mir ein dringendes Bedürfnis, in die Marienkapelle zu gehen – und danke zu sagen. Das tat ich auch. Ich zündete noch eine Kerze an, bevor ich meine Fahrt fortsetzte. Ich weinte immer noch, konnte dieses Gefühl nicht fassen!

Ein paar Wochen später konnten auch Florian und Sarah eine Namenserklärung abgeben. Florian meinte: ‚Endlich ein ordentlicher Name an der Haustüre!' Unter seinen Freunden war Florian schon immer als ‚der Greil' bekannt. Ich beantragte eine Namensänderung auf Florian's Gesellenbrief – und die nötigen Dokumente wurden auch geändert.

Meine Schwester fand es ‚komisch', sie fragte, ob sie denn auch mal Greil geheißen hatte....nein, denn sie hatte den Namen ihres Vaters von Anfang an.

Ich bekam mehr von meinem Leben zurück, als ich je erwartet hätte – was für ein unglaubliches Geschenk!

Was mich zurückhält

Die Telefonate mit meiner Mutter waren immer noch sehr anstrengend für mich. Sie erkundigte sich nach den Kindern, erzählte im selben Atemzug voller Begeisterung von meinem Neffen. Wenn sie sich überhaupt nach mir erkundigte, dann sehr beiläufig und ohne darauf einzugehen. Dann kam auch schon mal das Argument: ‚Die Verwandten fragen mich schon andauernd...ich weiß' ja gar nicht, was ich sagen soll.' Die Verwandten – ich hörte wohl nicht richtig....In einem Telefongespräch erzählte ich Nikita davon. Auch, daß es mich verletzte, daß es sie gar nicht zu interessieren zu scheint, wie es mir geht. Vielleicht überforderte sie diese ganze Situation auch – vielleicht war sie auch mit mir überfordert, damit, wie ich eben bin. Ein Gedankengang von mir...Mutter erzählte am Telefon auch sehr gerne Ereignisse von Nachbarn, oder fragte: ‚Hast du schon gehört.....? Es ist furchtbar, wie es auf der ganzen Welt zugeht...!'

Es war für mich als ihre Tochter furchtbar, seit ich auf der Welt bin, ihrer Liebe hinterherzulaufen. Es war furchtbar, alles dafür zu tun, um ein bißchen Aufmerksamkeit zu bekommen. Es tat weh', daß nicht's was ich tat oder nicht tat, gut war – während meine Schwester immer hochgelobt wurde. Es war erniedrigend, neben meiner Schwester ignoriert zu werden und es machte mich ohnmächtig, wenn das ‚alles anders ist – mir das nur so vorkommt.' Es war ebenso erniedrigend und verletzend, daß sie mir nicht zugehört hat, mich nicht wahrgenommen hat. All' die Jahre! All' die Jahre kämpfte ich um ein bißchen Liebe meiner Mutter – völlig umsonst! Denn ich würde diese Liebe niemals bekommen! Das sagte mir auch der Therapeut bei dem ich war. Ich mußte alle Möglichkeiten zur Besserung meines Gesundheitszustands nutzen, um die Erwerbsminderungsrente zu erhalten – also nahm' ich auch diese Möglichkeit in Anspruch, und wer weiß', vielleicht konnte mir dieser Therapeut sogar wirklich helfen. Dank' ihm kam ich zu neuen Erkenntnissen, zu neuen Sichtweisen was meine Mutter betraf. Er meinte: ‚Sie sind ein Schattenkind, ein Aschenputtel – doch sie sind dabei, sich zur Prinzessin zu entwickeln.' Das gab' mir Auftrieb, motivierte mich, meinen Weg weiterzugehen!

Gleichzeitig war es für mich eine psychische Belastungsprobe, wenn ich wußte, meine Schwester und Mutter hatten sich zu Besuch angesagt, oder wenn wir sie besuchten. Das erzeugte Streß in mir, brachte mich durcheinander, ich war gereizt, schlecht gelaunt, konnte die Nacht vorher oft nicht gut schlafen, ich hätte oft nur heulen können. Es dauerte sehr lange, bis ich all' die Stadien der

Verletztheit, der Traurigkeit, der Wut, der Enttäuschung, der Ohnmacht durchlebt hatte – eine sehr schmerzliche Zeit!

Darüber sprach ich auch mit Nikita, als wir während eines Telefonats auf meine Mutter zu sprechen kamen. Sie meinte, nachdem sie sich die Zeit genommen hatte in diese Situation reinzufühlen und eventuell Botschaften zu bekommen, in einem anderen Gespräch, daß meine Mutter mich nicht lieben konnte und es eine Möglichkeit wäre, diese karmische Verbindung zu lösen – ob ich damit denn einverstanden wäre. Denn manchmal sei es besser, eine Verbindung zu lösen – als ein Leben lang darunter zu leiden. Das hörte sich nach endgültiger Trennung an – wollte ich das wirklich? Sie war doch meine Mutter!!! Doch ich wollte diese Traurigkeit, die Enttäuschung und diesen endlosen und vor allem sinnlosen Kampf nicht mehr! ‚Manchmal ist es besser, im Leben einen schmerzhaften Schritt zu gehen um danach frei zu sein, als aus irgendeinem Grund, sinnlosen Schmerz immer weiter zu ertragen', sagte Nikita. Dabei dachte ich auch an Fragen meiner Kinder: ‚Mama, warum behandelt dich die Oma so? Warum hat sie die Tante und unseren Cousin viel lieber als uns und dich?' Auch dachte ich daran, was Markus mir sagte, als wir noch zusammen waren: ‚Tut mir leid, doch wenn deine Mutter und deine Schwester zukünftig kommen, werde ich nicht da sein. Du bist ja in deinem Zuhause nur geduldet, wenn sie da sind.' Wenn meine Kinder das schon so empfinden und auch mein Partner – das gab' mir den Schubs in die richtige Richtung! Also bat ich Nikita, diese karmische Verbindung zwischen meiner Mutter und mir aufzulösen.

Was da mit mir geschah', war ebenso unglaublich, so befreiend! Ich konnte durchatmen, hatte das Gefühl, mich ausdehnen zu können, leben zu dürfen! Unfaßbar – eine tiefe Dankbarkeit machte sich in mir breit. Tränen der Freude und Erleichterung liefen über meine Wangen. Jetzt hoffte ich nicht mehr insgeheim auf einen Zuspruch meiner Mutter, wenn ich eine Entscheidung traf. Ich erzählte ihr nur noch, was ich auch wirklich erzählen wollte. Florian sagte mir, von ihm brauche ich gar nichts zu erzählen: ‚Sie will doch nur alles wissen, um es der Verwandtschaft zu erzählen, aber nicht, weil sie sich für uns interessiert. Ich wußte schon als ich noch kleiner war, daß uns diese Frau nicht guttut – aber was sollte ich denn machen? Du hättest mir wahrscheinlich nicht geglaubt.' Danke für meine unglaublichen Kinder!!

Beim nächsten Telefonat mit meiner Mutter reagierte ich schon ganz anders auf die Ereignisse aus den Nachrichten, die sie mir erzählte, auf ihre bohrenden Fragen nach den Kindern. Das nicht-akzeptieren wollen, wenn ich nicht viel erzählte. Jedes weitere Gespräch verlief knapper. Bis meine Mutter in einem

Telefonat sagte: ‚Man wird doch wohl noch fragen dürfen, wie es euch geht. Und wenn nicht, dann mußt du mir das sagen.‘ ‚Dann frag‘ nicht‘, war meine spontane Antwort – ich hatte nicht darüber nachgedacht. Seitdem haben wir keinen Kontakt mehr. Sie schrieb‘ nicht mal zum Geburtstag der Kinder eine Karte geschrieben – auch mir gratulierte sie nicht mehr zum Geburtstag. Das war für mich eine klare Entscheidung. Es gibt uns nicht mehr für sie. Meine Kinder sind froh, daß dieser Druck, dieser Streß, diese Ungerechtigkeit endlich aufhören. Und ich fühle mich ein bißchen neu geboren – so wie zu dem Zeitpunkt, als ich unseren Namen wieder angenommen hatte.

Meinem Neffen schicke ich zum Geburtstag, Ostern und Weihnachten immer eine Kleinigkeit und erwähne in den Karten auch seine Mama, ihren Lebensgefährten und Oma – und gute Wünsche für alle. Es freut mich, wenn dann eine Sprachnachricht über’s Handy von ihm kommt!

Ich kann meiner Mutter heute alles Gute wünschen, von Herzen, denn ich spüre keine Enttäuschung, keine Wut mehr. Ich bedaure es einfach, daß sie nicht in der Lage ist, ihre erstgeborene Tochter lieben zu können. Doch, wenn sie mich sah‘, sah‘ sie meinen Vater – ich sehe ihm wohl sehr ähnlich – und an ihm ließ‘ sie kein gutes Haar. Er hatte meine Mutter sehr verletzt und enttäuscht, hat sie alleine gelassen mit ihren Ängsten und Sorgen - das hat tiefe Narben in ihrer Seele hinterlassen – und sie reagiert darauf.

Ein Schlüssel zur Transformation

So, wie die meisten Menschen reagieren – auf Erlebnisse ihrer Vergangenheit. Alles, was wir in unserem Leben je erlebt und gelernt haben, ist in unserem Gehirn abgespeichert und immer, wenn wir in eine ähnliche Situation kommen, stellt unser Gehirn eine Verbindung her und wir reagieren – auf das in der Vergangenheit Erlebte oder Gelernte. Deshalb leben wir meist in der Vergangenheit und sind nicht in der Gegenwart – im Jetzt. Unser Leben wird dadurch überschaubar. Wir denken und fühlen und fühlen und denken in den immer gleichen Mustern – Tag für Tag, Woche für Woche, Monat für Monat, ja sogar Jahr für Jahr. Unser Körper ist dadurch konditioniert, unser Verhalten wird automatisiert. Deshalb fällt es uns meist schwer, sofort eine Verhaltensweise zu ändern: eine Diät anzufangen, mehr Sport zu treiben, mit dem Rauchen aufzuhören. sich gesünder zu ernähren etc. Denn unser Körper ist unser Unterbewußtsein – und das will die gewohnten, komfortable Zone nicht verlassen. Eine neue Verhaltensweise ist mit etwas Überwindung verbunden und fühlt sich anfangs nicht immer gut an, weshalb wir dazu neigen, in unsere gewohnte Komfortzone zurückkehren zu wollen.

Wenn du erstmal die ersten Schritte gemacht hast, unter Anstrengung deine Komfortzone verlassen hast, weil du unbedingt etwas in deinem Leben verändern möchtest, egal was - deinen Job, deine Beziehungen, deine Gesundheit, deine Finanzen – dann willst du nicht mehr zurück!

Weil du dann die Erfahrung machst, daß du soviel mehr bist, als dein Körper, dein Alltag, deine Vergangenheit. Du entdeckst das Potential, das in dir steckt. Du erkennst, daß du soviel mehr Macht in deinem Leben hast, weil du die Verantwortung dafür übernimmst. Du erkennst deine Einzigartigkeit. Und du wirst überrascht sein, was das Leben für dich bereithält!

Heute

Ich habe ein weiteres gesundheitliches Zwischenziel erreicht – ich bin cortisonfrei und es geht mir gut! Weitere Ziele sind die Reduktion der Lupusmedikamente.

Beruflich arbeite ich in einem großartigen Team, habe einen guten Verdienst – ich bin sorgenfrei! Und ich kann mir meinen Traum erfüllen, Bücher zu schreiben und meinem Herzenswunsch nachgehen – so vielen Menschen wie möglich dabei zu helfen, eine wertschätzende, liebevolle Beziehung zu sich selbst aufzubauen. Denn mangelnde Selbstliebe ist die häufigste Ursache aller Konflikte, die wir haben!

Privat habe ich sehr viele liebevolle Menschen um mich – die, die nicht zu mir, in mein Leben passen, verabschieden sich aus meinem Leben. Und eine wundervolle Partnerschaft ist am Wachsen.

Für all' das bin ich jeden Tag sehr dankbar und ich weiß', das war erst möglich, als ich bereit war zu wachsen. Doch das muß nicht sein – niemand muß warten, bis die Krise gnadenlos zugeschlagen hat. Sich selbst lieben zu lernen, ist eine Entscheidung, die du jeden Tag treffen kannst!

‚Schau' in den Spiegel, welch' wunderbarer Mensch du bist! Da ist Liebe drin!'

Ich wünsche dir, daß du dich für dich entscheidest und dich so behandelst, als wärst du die Liebe deines Lebens!

Love & light

Judith Gratzl Life-Coach

info@judith-gratzl.de

Judith-Gratzl.de

Printed by Books on Demand GmbH, Norderstedt / Germany